BEI GRIN MACHT SICH I.
WISSEN BEZAHLT

- Wir veröffentlichen Ihre Hausarbeit,
  Bachelor- und Masterarbeit

- Ihr eigenes eBook und Buch -
  weltweit in allen wichtigen Shops

- Verdienen Sie an jedem Verkauf

Jetzt bei www.GRIN.com hochladen
und kostenlos publizieren

Bibliografische Information der Deutschen Nationalbibliothek:

Die Deutsche Bibliothek verzeichnet diese Publikation in der Deutschen National-
bibliografie; detaillierte bibliografische Daten sind im Internet über http://dnb.d-
nb.de/ abrufbar.

Impressum:

Copyright © 2009 GRIN Verlag, Open Publishing GmbH
Druck und Bindung: Books on Demand GmbH, Norderstedt Germany
ISBN: 9783640553327

Dieses Buch bei GRIN:

http://www.grin.com/de/e-book/144925/hochverfuegbarkeit-von-it-anwendungen-
durch-load-balancing

Georgi Trendafilov

Hochverfügbarkeit von IT-Anwendungen durch Load-Balancing

GRIN Verlag

GRIN - Your knowledge has value

Der GRIN Verlag publiziert seit 1998 wissenschaftliche Arbeiten von Studenten, Hochschullehrern und anderen Akademikern als eBook und gedrucktes Buch. Die Verlagswebsite www.grin.com ist die ideale Plattform zur Veröffentlichung von Hausarbeiten, Abschlussarbeiten, wissenschaftlichen Aufsätzen, Dissertationen und Fachbüchern.

Besuchen Sie uns im Internet:

http://www.grin.com/

http://www.facebook.com/grincom

http://www.twitter.com/grin_com

Hochverfügbarkeit von IT-Anwendungen durch Load-Balancing

Bachelor Thesis an der Fachhochschule Kiel, Fachbereich Wirtschaft

Wintersemester 2009/2010

vorgelegt von: Georgi Trendafilov

Abgabetermin: 14.08.2009

Inhaltsverzeichnis

3

4

II. Abkürzungsverzeichnis

Abk.	Abgekürzt
AND	Allgemeiner Nachrichtendienst
ANS	Prozessdatendienst Anschlusssicherung
DFI	Prozessdatendienst Fahrgastinformation
d.h.	das heißt
DNS	Domain Name System
DSR	Direct Server Return
dt.	deutsch
engl.	englisch
GSLB	Global Server Loadbalancer
HA	High Availability
HTTP	Hypertext Transfer Protocol
IP	Internet Protocol
LAN	Local Area Network
LB	Loadbalancer
MAC	Media Access Control
NAT	Network Address Translation
o.g.	oben genannten
RBL	Rechnergestützten Betriebsleitsystemen
REF-ANS	Referenzdatendienst Anschlusssicherung
REF-DFI	Referenzdatendienst Fahrgastinformation
S.	Seite
SLB	Server Loadbalancer
TCP	Transmission Control Protocol
URL	Uniform Resource Locator

usw	und so weiter
VDV	Verband Deutscher Verkehrsunternehmen
Vgl.	Vergleich
VIP	Virtual IP
VIS	Prozessdatendienst Visualisierung
VLAN	Virtual LAN
z.B.	zum Beispiel
ZDD	Zentrale Datendrehscheibe

III. Tabellenverzeichnis

IV. Abbildungsverzeichnis

V. Verzeichnis der Anlagen

Die folgenden Unterlagen liegen der Bachelorthesis auf CD bei.

Anhang 1:   Ajax Tags.

Anhang 2:   Apache Commons.

Anhang 3:   Apache Logging Services Project.

Anhang 4:   Apache Struts.

Anhang 5:   Apache Tomcat.

Anhang 6:   Common Controls.

Anhang 7:   dom4j-Introducion.

Anhang 8:   Entities- The JavaEE 5 Tutorial.

Anhang 9:   Hibernate.

Anhang 10:   JavaServer Pages API.

Anhang 11:   Making applications scalable with LB.

Anhang 12:   MySQL Introducion.

Anhang 13:   Netscaler Application Delivery Lösungen.

Anhang 14:   Next-gen load balancing: Delivering advanced Web apps.

Anhang 15:   OSCache.

Anhang 16:   PostgreSQL Introducion.

1 Einleitung

1.1 Motivation

Ursprünglich bestand das Web meist aus statischen Inhalten: Ein paar Benutzer, die den Großteil ihrer Zeit mit dem Lesen verbrachten und nur selten den Server mit ein paar Klicks belastet hatten. Nun sehen wir reale Anwendungen, die im Besitz von mehreren Benutzern für zehn Minuten oder Stunden sind, die wenige statische Inhalte haben und eine Menge Arbeit zwischen mehreren Klicks auf den Servern erledigen. Die Benutzer besuchen oft die gleichen Webseiten, die sie gut kennen und benötigen nur wenig Zeit, um den Inhalt zu lesen. Sie erwarten sofortige Bearbeitung der Anfragen. Dadurch wird der Server jedoch mit jedem Klick stärker belastet. Diese Dynamik hat einen neuen Bedarf an hoher Leistung und ständiger Verfügbarkeit von Servern entwickelt, welche von vielen Unternehmen zu spüren ist.[1]

Die Unternehmen haben ihre Abhängigkeit von entfernten und mobilen Zugriff auf Business-Anwendungen über das Internet verstärkt. Anwendungen, die den Arbeitnehmern in den Niederlassungen und Home-Offices zur Verfügung stehen müssen, werden zunehmend über ein Intranet[2] zugänglich gemacht. Webseiten wurden ein integraler Bestandteil der täglichen Interaktionen mit Kunden, Lieferanten und Partnern. Aus diesen Gründen müssen robuste Lösungen für einen ununterbrochenen, sicheren und leistungsfähigen Zugang zu netzbasierten Business-Anwendungen und Webseiten im Unternehmen sichergestellt werden.[3]

---

[1] Vgl. Tarneau (2006: 3).

[2] Intranet ist ein nicht öffentliches, meist firmeninternes Computernetzwerk. (Vgl. Hallberg (2005: 28)).

[3] Vgl. Citrix White Paper (2008: 3).

Hierzu trägt die Hochverfügbarkeit von IT-Anwendungen durch Load -Balancing bei.

1.2 Ziel und Aufbau dieser Arbeit

Ziel dieser Arbeit ist die Wichtigkeit und Problematik der Hochverfügbarkeit von IT-Anwendungen zu verdeutlichen und die theoretische Einbindung von einem Loadbalancer (Abk. LB) in einer Beispielanwendung darzustellen. Das beinhaltet auch eine kritische Analyse des Load-Balancing.

Gegliedert ist diese Ausarbeitung in drei Hauptbestandteile.

Im ersten Teil werden die theoretischen Grundlagen aufgeführt. Hier werden vor allem Begriffe erklärt, die in dieser Arbeit vorkommen. Weiterhin sind hier die generellen Probleme bei der Nutzung eines Server Loadbalancer (Abk. SLB) zu diskutieren.

Im zweiten Teil folgt der Hauptteil, in dem die Struktur von einer hochverfügbaren Beispielanwendung darzustellen ist. Nach einer Beschreibung der Anforderungen an die Anwendung erfolgt im nächsten Schritt eine Architektur der Anwendung ohne LB, welcher dann eine Anwendung mit LB gegenübergestellt wird. In diesem Abschnitt der Arbeit werden auch einzelne Programmbibliotheken[4] für die Implementierung benannt, so dass ein Muster für die Integration von einem Loadbalancer und für die Sicherstellung von Verfügbarkeit in einer zukünftigen oder vorhandenen Anwendungen entsteht.

Das Fazit bildet den Abschluss dieser Arbeit. Sein Inhalt ist eine kurze kritische Betrachtung, die zeigt, ob das Ziel der Ausarbeitung erreicht wurde. Hier werden offene Punkte und ein Ausblick auf die nächsten Jahre diskutiert.

---

[4] Programmbibliothek ist eine Sammlung von Programmfunktionen zusammengehörender Aufgaben. (Vgl. Keith und Schincariol (2006: 28f)).

1.3 Themenabgrenzung

Der zentrale Punkt dieser Arbeit ist die Sicherstellung der Verfügbarkeit von IT-Anwendungen durch Load-Balancing. Es wird nicht unterschieden, ob die Rechner bzw. Server, die zum Einsatz kommen, virtuell oder physikalisch sind. Es geht um die Frage: „Wie macht man eine Anwendung, die unter enormer Last steht, hochverfügbar?", und zwar nur durch Load-Balancing. Auf andere Verfahren für Hochverfügbarkeit wird nur indirekt und eingeschränkt eingegangen.

Im letzten Teil soll man die Beispielanwendung nicht implementieren, sondern nur modellieren. Die Betonung liegt auf den Änderungen der Softwarearchitektur, die durch die Integration eines LB verursacht werden.

Auf eine Modellierung in UML[5] wird verzichtet. Darzustellen sind nur die Grundrisse der Softwarearchitektur der Beispielanwendung. Auf die Struktur der einzelnen Programmbibliotheken wird nicht eingegangen.

Die Kostenstruktur der benötigten Ressourcen für das Load-Balancing und für den Umbau von einer schon vorhandenen Anwendung ist nicht Gegenstand dieser Arbeit.

---

[5] Engl. Unified Modeling Language.

2 Grundlagen

2.1 Begriffsdefinitionen

2.1.1 Hochverfügbarkeit

Bevor man sich mit dem Begriff „Hochverfügbarkeit" (Abk. HA) beschäftigt, muss erstmal klar sein, was „Verfügbarkeit" ist. Verfügbarkeit wird immer von der Endbenutzersicht gemessen, d.h. dass ein System verfügbar ist, wenn es über die gesamte Kette von der Datenbank über die Anwendung bis zum Endbenutzer funktioniert.[6]

Unter Hochverfügbarkeit (engl. High Availability) ist die Forderung gemeint, „dass ein System auch im Fehlerfall für alle (oder zumindest den überwiegenden Teil) der Anwender benutzbar bleibt und diese keine oder nur eine kurze Unterbrechung wahrnehmen"[7]. Um diese Forderung zu erfüllen, werden die Systeme redundant[8] ausgelegt.

Typische hochverfügbare Systeme sind das Telefonsystem und das Stromnetz. Die Benutzer dieser Systeme erwarten, dass sie immer zur Verfügung stehen. Ohne Telefonsignal ist man nicht in der Lage, Notfallanrufe durchzuführen. Ohne Strom werden nicht nur Haushaltsgeräte nicht funktionieren, sondern auch lebensnotwendige Geräte für die Krankenhäuser.[9]

Diese Arbeit beschränkt sich auf die Hochverfügbarkeit von IT-Anwendungen. Sie sind heutzutage für die meisten Unternehmen genau so wichtig wie die zwei o.g. Systeme.[10] Dabei ist HA nicht absolut sondern von Unternehmen zu

---

[6]   Vgl. Weygant (2001: 2).

[7]   Großmann und Koschek (2005: 134).

[8]   Hier steht Redundanz für das Vorhandensein mehrerer vergleichbarer Ressourcen, die nur im Störungsfall benötigt werden. (Vgl. Keith und Schincariol (2006: 320)).

[9]   Vgl. Weygant (2001: 3f).

[10]   Vgl. Weygant (2001: 5).

Unternehmen unterschiedlich bewertet. Finanzunternehmen brauchen beispielsweise ständig verfügbare Anwendungen, andere nur während der Werktage.

Die Verfügbarkeit von einem System wird meist prozentual bezogen auf ein Jahr angegeben.[11] „Eine Verfügbarkeit von 99% entspricht einer Ausfallzeit von insgesamt 3,6 Tagen pro Jahr."[12]

Zu weiteren Kenngrößen für HA zählen:[13]

- Zuverlässigkeit,

- die Zeitspanne zwischen dem Auslösen einer Aktion und der Ausführung dieser Aktion,

- die mittlere ausfallfreie Zeit,

- die mittlere Dauer für die Wiederherstellung nach einem Ausfall,

- die mittlere ausfallfreie Zeit eines Betriebssystems.

Die Gründe für einen Systemausfall können sehr unterschiedlich sein. Tabelle 1 beschreibt die so genannten „Single Point of Failure"[14], die zu einen Ausfall des Gesamtsystems führen können.

---

[11] Vgl. Großmann und Koschek (2005: 135).
[12] Großmann und Koschek (2005: 135).
[13] Vgl. Großmann und Koschek (2005: 135).
[14] Einzelne Fehlerstelle.

Tabelle 1: Single Points of Failure

Single Point of Failure	Mögliche präventive Maßnahmen
Stromversorgung	Installation einer unterbrechungsfreien Stromversorgung
Klimaautomatik	Ständige Temperaturüberwachung, Alarmierung bei Überschreiten eines festgelegten Temperatur-Schwellwertes
Hardware (z.B. Festplatten)	Redundante Auslegung der ausfallgefährdeten Hardwarekomponenten.
Betriebssystem	Rechtzeitige und regelmäßige Aktualisierung des Betriebssystems (Updates, Patches)
Anwendungssoftware	Rechtzeitige und regelmäßige Aktualisierung der Software (Updates, Patches)
Netzwerk	Aufbau einer verfügbaren und sicheren Netzwerkinfrastruktur
Systemüberwachung	Weitgehende Automatisierung der Notfallmaßnahmen; Unterstützung des Personals durch Handlungsanweisungen/Checklisten

Quelle: Großmann und Koschek (2005: 136).

Neben der o.g. Fehlerquelle, ist der Mensch selbst ein wesentlicher Unsicherheitsfaktor und häufig Ursache für einen Systemausfall. Typisches Beispiel dafür sind die Fehler, die infolge falscher Benutzereingaben auftreten.

Nachdem die Ursachen für einen Systemausfall beschrieben sind, lassen sich die Anforderungen an hochverfügbare Systeme wie folgt zusammenfassen:[15]

- „Sicherstellung eines unterbrechungsfreien Datenzugriffes im Störungsfall,

- redundante Datenspeicherung,

- horizontal skalierbare Sicherungssysteme,

---

[15] Großmann und Koschek (2005: 137).

- zentrale Konfiguration Administration und Überwachung der IT-Infrastruktur,

- Identifikation der Single Points of Failure und das Ergreifen präventiver Maßnahmen."

2.1.2 OSI-Referenzmodell

Um Load-Balancing definieren zu können, soll zuerst das OSI-Referenzmodell erklärt werden. Das Modell teilt Netzwerkverbindungen in sieben logische Schichten auf, die jeweils eigene Aufgaben übernehmen. Jede höhere Ebene baut auf den Funktionen der tiefer liegenden auf.[16]

Die folgenden sieben Schichten sind zu unterscheiden:

Tabelle 2: Die sieben Schichten des OSI-Referenzmodells.

Nr.	Schicht	Funktionen
7	Anwendung	Nutzerschnittstelle, Kommando-Auswahl
6	Darstellung	Kodierung, Dekodierung, Kompression
5	Sitzung	Steuerung der Kommunikation
4	Transport	Verbindungsaufbau, Datentransport
3	Vermittlung	Adressierung, Routing
2	Sicherheit	Fragmentierung, Kontrolle, Prüfung
1	Bitübertragung	Physischer Datentransport

Quelle: Vgl. Bünning und Krause (2001: 61f) und Kenyon (2002: 17ff).

Die einzelnen Funktionen etwas genauer:[17]

- Schicht 1: Bitübertragungsschicht. Hier wird die physikalische Übertragung definiert: das Medium wie Kabel, Funk, Infrarot, gesendete Signale usw.

---

[16] Vgl. Bünning und Krause (2001: 61).

[17] Vgl. Bünning und Krause (2001: 61f) und Kenyon (2002: 17ff).

- Schicht 2: Sicherungsschicht (auch Verbindungsschicht oder MAC[18]-Layer genannt). Die Daten werden in einzelne Rahmen aufgeteilt und gesichert übertragen.

- Schicht 3: Netzwerkschicht (auch Vermittlungsschicht). Zentrale Aufgabe ist die Bestimmung eines optimalen Weges durch ein Netzwerk.

- Schicht 4: Transportschicht. Diese Schicht stellt einen gesicherten Kanal zwischen zwei Stationen her, so dass die Daten einfach seriell geschrieben und gelesen werden können.

- Schicht 5: Sitzungsschicht (auch Kommunikationssteuerungsschicht). Das Zusammenspiel mehrerer Stationen wird synchronisiert. Hier wird beispielsweise der zeitliche Ablauf einer Sitzung festgelegt. Die Aufforderung zum Senden eines Kennwortes, das Senden des Kennworts und die Bestätigung des Kennwortes finden auch hier statt.

- Schicht 6: Darstellungsschicht. Auf dieser Ebene werden die Daten in ein einheitliches Format transformiert, zum Beispiel durch eine Datenkompression.

- Schicht 7: Anwendungsschicht: Diese Schicht beschreibt die Schnittstelle, über die Anwendungen und Dienste eines anderen Systems zugreifen können.

Jede Schicht kommuniziert mit der entsprechenden Schicht auf dem anderen System, indem sie Daten entweder an die darüber oder darunter liegende Schicht weiterleitet.[19]

---

[18] Engl. Media Access Control.

[19] Vgl. Bünning und Krause (2001: 62).

2.1.3 Load-Balancing

Unter dem Begriff „Load-Balancing" versteht die Informatik die Verteilung von Berechnungen oder große Mengen von Anfragen auf mehrere parallel arbeitende Systeme.[20] Ein System können hier mehrere Rechner, Rechnernetze, Prozessoren, Festplatten oder andere Ressourcen sein.

Der Begriff „Load-Balancing" ist weiter gefasst. Hierunter wird im weitesten Sinne auch ein Mechanismus zur Ausfallsicherheit verstanden, denn durch die Verteilung der Anfragen bzw. der Berechnungen auf einzelne Systeme wird eine Erhöhung der Ausfallsicherheit erreicht.[21]

2.1.3.1 Server Load-Balancing

Sogenannte Server Loadbalancer werden in Computercluster[22] oder auch Serverfarmen[23] eingesetzt. Es ist ein System von mehreren Rechnern, die zu einem Funktionseinheit zusammengeschlossen werden.[24] Die Begriffe Cluster und Serverfarm werden nicht unterschieden, da ein Cluster oft als Serverfarm bezeichnet wird, falls er die Erhöhung der Verfügbarkeit als primäres Ziel hat.

Um eine Überbelastung eines einzelnen Rechners/Servers zu verhindern wird SLB vor allem dort eingesetzt, wo viele Clients eine hohe Anfragendichte und somit eine hohe Datenrate[25] erzeugen.[26] Es besteht keine Notwendigkeit von

---

[20] Vgl. Bourke (2001: 3).

[21] Vgl. Adelstein und Lubanovic (2007: 182).

[22] Auch „Cluster", bezeichnet einen Verbund von vernetzten Rechnern, die sich nach außen als ein Rechner präsentieren. (Vgl. Hallberg (2005: 191)).

[23] Serverfarmen bestehen aus mehreren Rechnern, die Anfragen über ein Rechnernetz erhalten und bearbeiten und einem oder mehreren LB, die die Anfragen auf die zur Verfügung stehenden Rechner aufteilen. (Vgl. Kopparapu (2002: 15f)).

[24] Vgl. Kopper (2005: 2).

[25] Die Datenrate bezeichnet die Menge an Daten, die zu einer Zeit im Verhältnis steht. (Vgl. Hallberg (2005: 50)).

[26] Vgl. Held (2000: 8f).

einem SLB, wenn die Anzahl der Clients oder die Anfragenrate niedrige Werte aufweisen.

Das Server Load-Balancing kann in verschiedenen Schichten des OSI-Referenzmodells eingesetzt werden. Drei verschiedene Ansätze werden grundsätzlich unterschieden: DNS Server Load-Balancing, NAT Server Load-Balancing und Flat Server Load-Balancing.

2.1.3.1.1 DNS Server Load-Balancing

DNS[27] Server Load-Balancing wird auf der Anwendungsschicht eingesetzt. Sie ist simpel und günstig zu implementieren.[28] Durch DNS wird einer Domain[29] eine Vielzahl an IP[30]-Adressen zugewiesen. Dadurch sind DNS-Server in der Lage alle möglichen IP-Adressen zurückzugeben, wobei die Reihenfolge variieren kann, z.b. durch einen „Round-Robin"[31]-Algorithmus.

Der Nachteil von einem DNS-SLB ist, dass er über die Verfügbarkeit und tatsächliche Belastung der Zielserver nichts weiß, denn sein primärer Zweck ist, den Domainnamen zu einer IP-Adresse zu übersetzen.[32] Abbildung 1 illustriert einen DNS-SLB, bei dem einer der Server ausgefallen ist und der somit einen Verlust, in Höhe von einem Drittel der Anfragen, verursacht.

---

[27] DNS – Domain Name System-Protokoll

[28] Vgl. Kopparapu (2002: 15).

[29] Eine Domain ist ein hierarchischer Raum im globalen Netz, welcher dazu dient Computer im Internet durch einen eindeutigen Namen zu identifizieren. (Vgl. Hallberg (2005: 101)).

[30] Internet Protocol (Abk. IP) ist ein grundlegendes Protokoll im globalen Netz.(Vgl. Hallberg (2005: 98)).

[31] Round-Robin ist ein Verfahren, das mehreren konkurrierenden Prozessen begrenzte Ressourcen zuordnet. (Vgl. Franklin (2003: 424)).

[32] Vgl. Kopparapu(2002: 16).

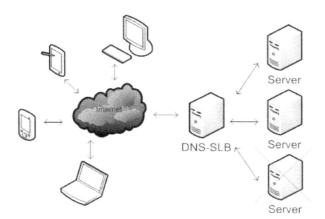

Abbildung 1: DNS Server Loadbalancer

Quelle: Eigene Grafik.

Vorgeschaltete Skripte können die Verfügbarkeit prüfen und nur diejenigen Server im Nameserver eintragen, die aktuell tatsächlich zur Verfügung stehen. Einige der bekanntesten Webseiten[33], die Server Load-Balancing via DNS nutzen sind: Amazon, Facebook, Yahoo, Google und eBay.

2.1.3.1.2 NAT Server Load-Balancing

Komplexer, aber dafür im Gegensatz zum DNS SLB leistungsfähiger, ist das NAT[34] basierte Server Load-Balancing. In einem NAT SLB werden zwei Netze erstellt. Zum einen ein privates Netz mit den Servern und zum anderen

---

[33] www.citrix.de. Anhang 2.

[34] NAT (engl. Network Address Translation) ist ein Verfahren für die Ersetzung von Adressinformationen in Datenpaketen. (Vgl. Hallberg (2005: 77)).

ein öffentliches Netz, welches mittels Router[35] mit dem Internet verbunden ist.[36] Der NAT-SLB ersetzt die Adresseninformation der Datenpakete, so dass der Client den Eindruck hat, dass er nur mit einem Server kommuniziert, nämlich mit dem Loadbalancer.

Abbildung 2 stellt einen typischen NAT-SLB mit einem privaten und einem öffentlichen Netz dar. In dieser Konfiguration sind die Server durch ein separates VLAN[37] von den VIP-Adressen[38] der Server Loadbalancer getrennt. Die einzigen variablen IP-Adressen innerhalb des öffentlichen Netzes sind die VIP-Adressen zwischen dem aktiven und passiven SLB.[39]

---

[35] Router verbinden und trennen Rechnernetzwerke auf die Vermittlungsschicht des OSI-Referenzmodells. (Vgl. Hallberg (2005: 34)).

[36] Vgl. Hucaby und McQuerry (2002: 247).

[37] VLAN (engl. Virtual Local Area Network) ist ein virtuelles Netz innerhalb eines physikalischen Netzwerks. (Vgl. Hallberg (2005: 224)).

[38] VIP ist eine dynamische IP-Adresse.

[39] Vgl. Bourke (2001: 46).

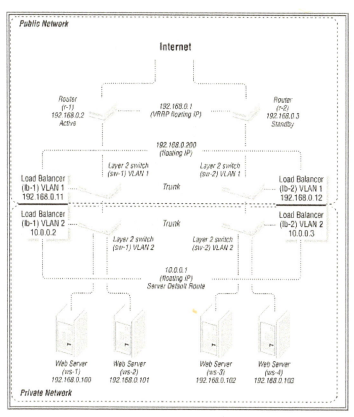

Abbildung 2: NAT Server Loadbalancer mit zwei Netzen

Quelle: www.oreily.com Anhang 4. S. 2.

Manchmal wird ein NAT basierter SLB auf dem selben LAN[40] implementiert. Die Loadbalancer werden für zwei Subnetze auf dem gleichen LAN konfiguriert: Ein für die öffentlichen Schnittstellen (für die VIP's) und das andere für den Web-Server des privaten Subnetzes. Auch wenn alles im

---

[40] LAN (engl. Local Area Network) ist ein lokales Rechnernetz. (Vgl. Hallberg (2005: 423)).

gleichen LAN ist, führt der LB noch die NAT aus. Abbildung 3 illustriert diese
Konfiguration.

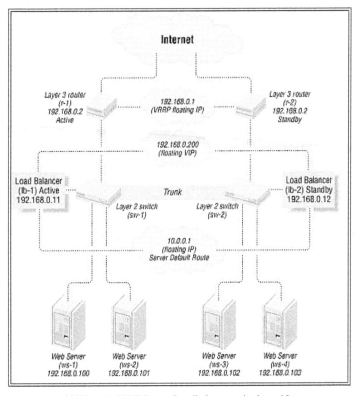

Abbildung 3: NAT Server Loadbalancer mit einem Netz

Quelle: www.oreily.com Anhang 4. S. 3.

Aus Sicherheits- und Architektursicht gesehen, ist es besser, zwei getrennte LAN's (oder zwei VLAN's) zu haben. Falls alles auf einem LAN ist, werden die Sicherheitsziele und Vorteile einer NAT-basierte Konfiguration aufgegeben, da mit einer tatsächlichen Barriere zwischen dem Server und dem öffentlichen Netz die Sicherheit verstärkt wird. Die Fehlerbehebung und die Steuerung des Informationsflusses ist in diesem Fall auch einfacher zu verwalten und zu realisieren.[41]

Problematisch ist bei allen NAT basierten SLB, dass der gesamte Verkehr über den Loadbalancer fließt, somit wird dieser früher oder später zum Engpass, sofern er nicht redundant ausgelegt wurde.

2.1.3.1.3 Flat Server Load-Balancing

Bei dem Flat-basierten SLB wird nur ein Netz benötigt. Die Verbindung zwischen dem Server und dem Loadbalancer findet über einen Switch statt. Im Unterschied zu dem NAT-basierten SLB wird hier nicht die IP-Adresse, sondern die MAC-Adresse des entsprechenden Datenframes[42] manipuliert.[43] Bei einer Anfrage des Clients an den LB wird die MAC-Adresse des Clients gegen die des Servers getauscht damit das Datenpaket weitergeleitet werden kann. Anschließend sendet der Server eine Antwort an die IP-Adresse des anfragenden Clients. Dadurch ist bei der Kommunikation clientseitig nicht zu bemerken, dass nicht mit nur einem Server, sondern mit einem LB Verbindung aufgenommen wurde. Dieses Verfahren wird noch DSR[44] benannt.[45] Durch das Flat-basierte SLB ist der LB relativ wenig belastet, da die Daten die zurückgeschickt werden, auf direktem Weg gesendet werden.[46]

---

[41] Vgl. Bourke (2001: 44f).

[42] Das Datenframe befindet sich auf der Sicherungsschicht. Im Unterschied dazu wird der Begriff Paket für die Vermittlungsschicht verwendet. (Vgl. Hallberg (2005: 421)).

[43] Vgl. Bourke (2001: 27).

[44] Engl. Direct Server Return.

[45] Vgl. Bourke (2001: 52f).

[46] Vgl. Bourke (2001: 45).

Abbildung 4 illustriert einen Flat SLB, welcher die Last über zwei Server verteilt.

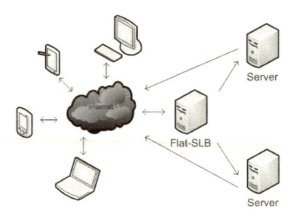

Abbildung 4: Flat Server Loadbalancer

Quelle: Eigene Grafik.

Der globale Server Loadbalancer (Abk. GSLB) ist praktisch eine Erweiterung eines Server Loadbalancer in der Anwendungsschicht. Der GSLB verteilt die Last über geographisch entfernte Server oder auch Serverfarmen z.B. über mehrere Standorte eines Unternehmens. Dies geschieht anhand von mehreren Algorithmen (z.B. letzte Antwortzeit), sowie in Abhängigkeit von der geographischen und der Netzwerknähe.[47]

Abbildung 5 stellt einen DNS globalen Server Loadbalancer mit zwei geographisch verteilten Servern dar.

---

[47] Vgl. Citrix White Paper (2008: 4).

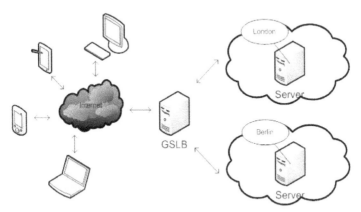

Abbildung 5: DNS - globaler Server Loadbalancer(GSLB)

Quelle: Eigene Grafik.

Eine solche Konstellation des globalen Server Loadbalancer ist für Businessanwendungen eher eine Ausnahme. Die geographische und die Netzwerknähe ist für diese Art von Anwendungen nicht immer entscheidend. Für die Businessanwendungen ist eine Verteilung der Lasten über geographisch entfernte Serverfarmen viel besser geeignet.

Abbildung 6 zeigt einen DNS globalen Server Loadbalancer mit zwei geographisch verteilten Serverfarmen.

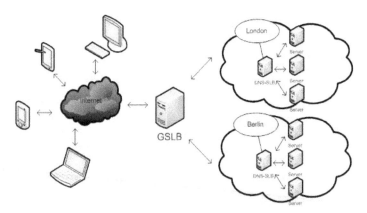

Abbildung 6: DNS - GSLB mit zwei Serverfarmen

Quelle: Eigene Grafik.

2.2 Verfügbarkeit und Leistungsmessung der Server

Bei der Nutzung eines SLB in einer Serverfarm steht man vor zwei Problemen: Das Testen der Verfügbarkeit der Server und der Auswahl des besten Servers.

2.2.1 Testen der Verfügbarkeit der Server

Damit es nicht zum Verlust der Anfragen wie in Abb. 1 kommt, soll es möglich sein, die Server auf Verfügbarkeit zu testen. Sollte einer der Server nicht mehr zur Verfügung stehen, müssen alle Anfragen auf die restlichen Server verteilt werden.

Um die Verfügbarkeit zu testen, können verschiedene Methoden zum Einsatz kommen. Die einfachste wäre die Server mit einem Ping[48] zu überprüfen. Möglich wäre auch die Verfügbarkeit durch einen Verbindungsversuch oder eine HTTP[49]-Anfrage zu prüfen.[50]

Ein ausgefallener Server könnte kein Ping rechtzeitig beantworten und gleichzeitig eine Antwort auf eine TCP[51]-Verbindung geben. Ein mehrschichtiger angehängter Server kann eine TCP-Verbindung, jedoch keine HTTP-Anfrage beantworten. Deshalb ist es eine Herausforderung, die optimale Testmöglichkeit, die durch die Anwendung und durch den Server erlaubt ist, auszuwählen. Um die Verfügbarkeit über die gesamte Kette der Verbindung zu testen, werden bei manchen Tests sogar Daten aus der Datenbank abgerufen. Das Nachgehen von all diesen Tests nutzt natürlich die Ressourcen der Server aus. Somit gilt es, einen optimalen Kompromiss zwischen der zusätzlichen

---

[48] Ping ist ein Computerprogramm, mit dem überprüft werden kann, ob ein bestimmter Host in einem IP-Netzwerk innerhalb eines bestimmten Zeitraums erreichbar ist. (Vgl. Hallberg (2005: 59)).

[49] HTTP ist ein Protokoll, welches Daten über ein Netzwerk überträgt. (Vgl. Hallberg (2005: 103)).

[50] Vgl. Tarneau (2006: 6).

[51] TCP (engl. Transmission Control Protocol)vereinbart wie Daten zwischen Rechner ausgetauscht werden sollen. (Vgl. Hallberg (2005: 92)).

Serverauslastung und der Häufigkeit der einzelnen Tests zu finden. Aus diesem Grund sind die Software-LBs am flexibelsten, wenn es um das Testen der Verfügbarkeit der einzelnen Server geht, da sie zusätzliche Script[52]-Fähigkeiten bereit stellen. Zusätzlich dazu sind auch erforderliche Änderungen der Software, in der Regel innerhalb eines kürzeren Zeitraums, möglich.[53]

2.2.2 Leistungsmessung der Server

Es gibt viele Möglichkeiten für den Loadbalancer die Last zu verteilen. Ein verbreiteter Irrtum ist, die Anfrage zu dem Server, der sich zuerst zurückmeldet, zu schicken. Diese Praxis ist verkehrt, denn sollte einer von den Servern aus irgendeinem Grund etwa schneller als die Anderen sein, geht die Balance in der Serverfarm verloren.[54]

Eine zweite Möglichkeit wäre, die Anfragen an den Server zu schicken, der am wenigsten ausgelastet ist. Auch wenn dies sinnvoll für Umgebungen mit sehr langen Sitzungen[55] ist, wäre es nicht angemessen für Server, bei denen die Belastung innerhalb von Sekunden stark variieren kann.[56]

Für homogene Serverfarmen ist das „Round-Robin"-Verfahren[57] meistens die beste Auswahl. Dieses Verfahren schickt den Servern Anfragen der Reihenfolge nach. Sollten die Server nicht homogen sein, d.h. aus irgendeinem Grund unterschiedliche Rechenkapazitäten aufweisen, soll der „Weighted-Round-Robin"[58] Algorithmus verwendet werden. Dieses Verfahren ist in der

---

[52] Script ist ein Kommandozeilenprogramm unter Linux bzw. Unix. (Vgl. Hallberg (2005: 403)).

[53] Vgl. Tarneau (2006: 6).

[54] Vgl. Tarneau (2006: 6).

[55] Bezeichnet eine bestehende Verbindung zwischen Server und Client. (Vgl. Hallberg (2005: 31)).

[56] Vgl. Tarneau (2006: 6).

[57] Sieh Fußnote 28.

[58] Weighted-Round-Robin ist eine Erweiterung von Round-Robin, welche die Last an den Servern in Abhängigkeit von deren relativen Kapazitäten verteilt.(Vgl. Franklin (2003:61)).

Lage die Last in Abhängigkeit von den relativen Kapazitäten der Server zu verteilen.[59]

Die bis jetzt erwähnten Algorithmen haben den Nachteil, dass sie alle nicht deterministisch sind.[60] Dies bedeutet, dass zwei aufeinander folgende Anfragen von einem und demselben Nutzer eine hohe Chance haben, auf zwei verschiedenen Servern anzukommen. Dies soll vermieden werden, falls der Benutzer Informationen auf dem Anwendungsserver speichert. So eine Problematik ist für Online-Shops typisch, da diese meistens eine komplexe Einrichtung einer Sitzung haben. Diese Sitzung geht bei der o.g. Konstellation verloren. Somit müssen sich z.B. Nutzer von Online-Shops, die schon eingeloggt sind und Waren in ihrem Einkaufskorb gespeichert haben, immer wieder neu einloggen oder sogar die Waren neu aussuchen, denn diese Information wird zwischen den beiden Servern nicht ausgetauscht.

Zur Umgehung dieses Problems empfiehlt sich ein Hash-Algorithmus, der die IP-Adresse des Benutzers durch die Anzahl der Server teilt und damit den richtigen Server ermittelt. Das funktioniert, solange sich die Anzahl der Server und die IP-Adresse des Benutzers nicht ändern.[61]

Eine zweite Lösung ist, wenn der Loadbalancer die IP-Adresse des Anwenders mit einem Server assoziiert. Dies löst zwar das Problem mit der variierenden Serveranzahl, wäre aber keine Lösung für Nutzer mit variabler IP-Adresse.[62]

Mit den oben erwähnten Algorithmen ist nicht zu gewährleisten, dass ein Benutzer mit einer festen oder variablen IP-Adresse immer wieder zu den richtigen Servern weitergeleitet wird, damit er gespeicherte Informationen oder auch seine Sitzung nicht verliert. Es gibt eine andere Methode, die genau für

---

[59] Vgl. Tarneau (2006: 6).
[60] Vgl. Tarneau (2006: 6).
[61] Vgl. Tarneau (2006: 6).
[62] Vgl. Tarneau (2006: 7).

diesen Zweck erfunden wurde[63], nämlich Cookies.[64] Der Server einer besuchten Webseite sendet Informationen an den Benutzer, die er bei einem Wiederbesuch der Seite auslesen kann. Somit ist der Loadbalancer in der Lage den Benutzern mit dem entsprechenden Server innerhalb der Serverfarm auch bei einer variierenden IP-Adresse zuzuordnen. Dazu muss aber der Benutzer Cookies unterstützen.

---

[63] Vgl. Tarneau (2006: 7).

[64] Ein Cookie ermöglicht den Austausch von Informationen zwischen Computerprogrammen oder die vorübergehende Archivierung von Informationen. (Vgl. Keith und Schincariol (2006: 45)).

3 Hochverfügbarkeit in einer Beispielanwendung

3.1 Betriebswirtschaftliche Einordnung

In den letzten Jahren haben viele Verkehrsunternehmen ihre Betriebsabläufe durch die Einführung von rechnergestützten Betriebsleitsystemen (Abk. RBL) optimiert und verbessert. Ziel dieser Optimierung ist nicht nur die Senkung der Kosten, sondern auch die Verbesserung der angebotenen Leistung. Somit sollen die Fahrgäste eine genauere und detailliertere Informationversorgung zur Verfügung haben. Dadurch versuchen die einzelnen Verkehrsunternehmen einen Wettbewerbsvorteil hinsichtlich besserer Kundenbetreuung und -bindung zu erzielen.[65]

Im Laufe der Zeit sind viele Verkehrsunternehmen zu der Schlussfolgerung gekommen, dass sie als einzelne Unternehmen innerhalb einer Verkehrsregion keine umfassende und präzise Informationsversorgung anbieten können. Dadurch erwirtschaften sie keinen Wettbewerbsvorteil. Viele Fährgäste bekommen keinen kompletten Service, weil sie mehrere Fahrzeuge unterschiedlicher Fahrunternehmen nutzen, um ihr Fahrziel zu erreichen.[66]

Um die einzelnen RBL verbinden zu können, sind Vereinbarungen über die Art der Datenhaltung und -übertragung zwischen den Verkehrsunternehmen zu treffen. Diese können viel Zeit und Kosten in Anspruch nehmen, weil die RBL unterschiedliche Spezifikationen haben. Sollte ein zusätzliches RBL hinzukommen, sind die o.g. Vereinbarungen nochmal zu treffen.

Sollte dieses Problem gelöst werden, bietet sich hier die Standardisierung[67] an. Hier im Sinne von einer Standardsoftware, welches die Integration von Fremd-

---

[65] Vgl. VDV-Schrift 453. S. 3.

[66] Vgl. VDV-Schrift 453. S. 3.

[67] Die Ersetzung von betriebsabhängigen Prozessen und Abläufen durch solche standardisierte. (Vgl. OM-Vorlesung)

fahrdaten unterstützen soll. Dank der Standardisierung des Informationsaustausches werden die Kosten für den Anschluss von zusätzlichen RBL eingespart.

Durch die Verbindung der einzelnen Verkehrsunternehmen in einem Verkehrsverbund und das Anbieten einer ganzheitlichen Informationsversorgung, sowie Anschlusssicherung und Auskunftsystemen erhöhen die Unternehmen ihren betriebswirtschaftlichen Erfolg.

Im Einzelnen lassen sich die folgenden wirtschaftlichen Nutzen erzielen:

- Bessere Kundenzufriedenheit,

- höhere Kundenbindung,

- besseres Auftreten gegenüber der Konkurrenz.

Durch das Ermöglichen von ganzheitlichen Service und verkehrsunternehmensübergreifende Informationsversorgung steigt die Kundenzufriedenheit. Die höhere Kundenzufriedenheit führt zu einer Kundenloyalität und somit zu einer höheren Kundenbindung.

Aus Kundensicht wirken die einzelnen Verkehrsunternehmen nicht mehr als einzelne Einheiten, sondern als ein komplettes System. Innnerhalb dieses Systems schützen sich die Unternehmen von anderen Verkehrsalternativen außerhalb dieses Verbundes (wie z.B. privates Auto, Fahrrad und Taxi) und sichern ihren betriebswirtschaftlichen Erfolg.

Als Nachteil dieser verkehrsunternehmensübergreifenden Informationsversorgung gilt das Weiterleiten von unternehmensinternen Informationen an die Konkurrenz und die Investitionskosten.

3.2 Technische Anforderungen an die Beispielanwendung

Vorlage für die Beispielanwendung ist eine typische Aufgabenstellung eines Verkehrsunternehmens. In diesem Fall geht es um die Implementierung von zwei Diensten nach der VDV-Schrift 435 des Verband Deutscher Verkehrsunternehmen (Abk. VDV). Die Schrift steht für die Spezifikationen einer Schnittstelle zwischen rechnergestützten Betriebsleitsysteme (Abk. RBL). In dieser Schrift werden detailliert die Anforderungen an den Datenaustausch beschrieben.[68]

Die VDV-Schrift 453 spezifiziert die folgenden Dienste:

Dienst	Zweck
Referenzdatendienst Anschlusssicherung (REF-ANS)	Austausch von Sollfahrplänen für Anschlusssicherung
Prozessdatendienst Anschlusssicherung (ANS)	Austausch von Ist-Daten für Anschlusssicherung
Referenzdatendienst Fahrgastinformation (REF-DFI)	Austausch von ortsbezogenen Sollfahrplänen für Fahrgastinformation
Prozessdatendienst Fahrgastinformation (DFI)	Austausch von Ist-Daten für Fahrgastinformation
Prozessdatendienst Visualisierung (VIS)	Austausch von Ist-Daten für die Visualisierung von Fahrzeugen in Fremdleitstellen
Allgemeiner Nachrichtendienst (AND)	Austausch von textuellen Informationen zwischen den Leitstellen.

Tabelle 3: Die Dienste nach VDV-Schrift 453
Quelle: VDV-Schrift 453 S. 1.

Aus Vereinfachungsgründen werden nur die Dienste: Prozessdatendienst Fahrgastinformation (Abk. DFI) und Visualisierung von Fremdfahrzeugen (Abk. VIS), berücksichtigt.

---

[68] Vgl. VDV-Schrift 453. S. 1.

Die Beispielanwendung soll als eine Verbindungsschnittstelle zwischen mehreren Verkehrsunternehmen eines Verkehrsverbundes und den einzelnen Verkehrsverbünden untereinander dienen. Die Anwendung soll die Daten, die sie von den einzelnen, rechnergestützten Betriebsleitsystemen bekommt, vorübergehend speichern und je nach Abonnement, die einzelnen RBL mit Daten versorgen. Dieser Datenaustausch ist ohne eine neutrale Schnittstelle dieser Art äußerst umständlich, da die einzelnen RBL sehr unterschiedlich sein können. Außerdem ist der Verwaltungsaufwand und die Pflege von mehreren Verbindungen zum Austausch von Fahrdaten arbeitsintensiver als nur von einer einzigen Verbindung.

Abbildung 7 illustriert die Komplexität des Datenaustausches in einem Verkehrsverbund.

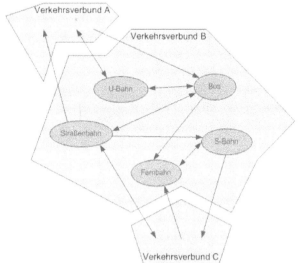

Abbildung 7: Datenaustausch von Verkehrsinformationen ohne ein
zentralisiertes System.

Quelle: Eigene Grafik.

Aus der Abbildung ist deutlich zu erkennen, dass hier ein neutrales und zentralisiertes System fehlt. Dieses System soll wie eine Datendrehscheibe die Fahrdaten der einzelnen RBL speichern und an den restlichen autorisierten RBL weiterleiten. Aus diesem Grund wird ab jetzt die Beispielanwendung „Zentrale Datendrehscheibe" (Abk. ZDD) genannt. Nach der Integration der zentralen Datendrehscheibe sollen alle Verkehrsunternehmen Daten nur mit dem neuen System austauschen.

Abbildung 8 stellt den Datenaustausch von Verkehrsinformationen nach der Integration von einer ZDD dar.

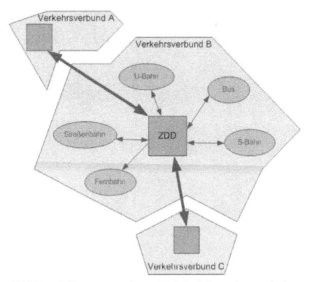

Abbildung 8: Datenaustausch von Verkehrsinformationen mit einer
ZDD

Quelle: Eigene Grafik.

In dieser Abbildung ist die Fernbahn nur ein Datenempfänger und liefert keine
Daten zurück.

Laut VDV-Schrift 453 sollen zwei Protokolle in der Schnittstelle Verwendung
finden:[69]

- HTTP 1.1 als Transportprotokoll,

---

[69] Vgl. VDV-Schrift 453. S. 17.

- XML[70] 1.0 zur Auszeichnung der fachlichen Daten (der einzelnen Nachrichten).

Die Datensicherheit soll sehr hoch sein, da die auszutauschenden Daten oft unternehmensintern und mit Lizenzen verbunden sind. Die einzelnen RBL haben sehr unterschiedliche Betriebszeiträume und um alle zu decken, soll die ZDD 24 Stunden pro Tag zur Verfügung stehen und ausfallsicher funktionieren. Eine kurze Wartungsunterbrechung der Funktionalität ist zwischen 2 und 4 Uhr in der Nacht von Sonntag auf Montag zulässig.

Zusätzlich dazu soll es über eine Weboberfläche möglich sein:

- Regeln für den Datenaustausch von Verkehrsinformationen laut Vorgaben der einzelnen Verkehrsunternehmen zu definieren,

- den Status der einzelnen RBL darzustellen,

- einzelne Dienste ein-, ausschalten und durchstarten,

- Anzeigerverwaltung (von Ist-Fahrdaten auf Haltestellen),

- ausgeweitete Benutzerverwaltung usw.

Gestrebt wird nach einer Drei-Schichten-Architektur, die softwareseitig die folgenden drei Schichten hat:

- Präsentationsschicht: auch als Front-End bezeichnet, ist für die Repräsentation der Daten und Benutzereingaben verantwortlich.

- Logikschicht: Beinhaltet alle Verarbeitungsmechanismen und vereint die Anwendungslogik.

---

[70] Extensible Markup Language Abk. XML, ist eine Sprache zur hierarchisch strukturierten Darstellung von Daten in Form von Text. (Vgl. Keith und Schincariol (2006: 338)).

- Datenhaltungsschicht: Enthält die Datenbank und ist verantwortlich für das Speichern und Laden von Daten.

3.3 Architektur einer Anwendung ohne Loadbalancer

3.3.1 Softwarearchitektur

Für die Beispielanwendung (ZDD) können viele Programmiersprachen in Frage kommen. Einige davon sind: PHP, C++, VB, .NET usw. Für diese Anwendung wir die Sprache Java ausgewählt. Java gilt in letzter Zeit als gängige Sprache für die Implementierung von Businessanwendungen.

Als Anwendungsserver wird Apache Tomcat[71] eingesetzt. Tomcat stellt eine Umgebung zur Ausführung von Java-Code auf Webservern bereit und kann mithilfe eines JSP-Compilers[72] JavaServer Pages[73] (Abk. JSP) in Servlets[74] übersetzen und ausführen. Dazu beinhaltet es auch einen kompletten HTTP-Server.

Um die Grundrisse der Beispielanwendung darzustellen, werden hier die einzelnen Programmbibliotheken, die in der jeweiligen Schicht der Architektur anzuwenden sind, benannt. Hierfür werden hauptsächlich Open Source Programmbibliotheken aus dem Apache Jakarta Projekt und solche, die als Ex-Jakarta aufgelistet sind, benutzt.

---

[71] Vgl. http://tomcat.apache.org/ Anhang 5.

[72] Ein Compiler übersetzt ein Programm von der Quellsprache in eine Zielsprache. (Vgl. Hallberg (2005: 180)).

[73] Die JSP Technik wurde von Sun Microsystems entwickelt und dient zur dynamischen Erzeugung von XML- und HTML-Ausgaben eines Servers. (Vgl. Bergster (2003: 45)).

[74] Sind Java-Klassen, deren Instanzen innerhalb eines Java-Webservers Anfragen von Clients entgegennehmen und beantworten. (Vgl. Keith und Schincariol (2006: 45)).

3.3.1.1 Präsentationsschicht

Die Präsentationsschicht soll mit JavaServer Pages realisiert werden. Zusätzlich dazu wird noch JavaScript[75] benutzt, wobei JavaScript meist clientseitig für die Überprüfung von Benutzereingaben eingesetzt wird.

Für die Realisierung der Benutzeroberflächen (Abk. GUI[76]) werden die folgenden Programmbibliotheken und Technologien zum Einsatz kommen:

- Struts[77] als Framework[78] für Java-Webanwendungen,

- Common Controls[79] als Tag-Bibliothek mit Adapter für Struts,

- Jakarta jsp-api[80]: Zusätzliche Klassen für den Umgang mit JavaServer Pages,

- Jakarta servlets-api[81]: Zusätzliche Klassen für den Umgang mit Servlets,

- OSCache[82]: Zusätzliche Tag-Bibliothek für dynamisches Caching[83].

---

[75] Ist eine Skriptsprache, die in Web-Browsern eingesetzt wird. (Vgl. Bergster (2003: 13)).

[76] GUI (engl. Graphical User Interface) ist eine graphische Benutzeroberfläche, die dem Benutzer eines Rechners die Interaktion mit ihm erlaubt. (Vgl. Bergster (2003: 12)).

[77] Vgl. http://struts.apache.org/. Anhang 4.

[78] Ein Framework (dt. Rahmenstruktur) ist ein Programmgerüst, das in der Softwareentwicklung Verwendung findet. (Vgl. Bergster (2003: 388)).

[79] Vgl. http://www.common-controls.com/en/. Anhang 6.

[80] Vgl. http://tomcat.apache.org/tomcat-5.5-doc/jspapi/ Anhang 10.

[81] Vgl. http://tomcat.apache.org/tomcat-5.5-doc/servletapi/. Anhang 18.

[82] Vgl. http://www.opensymphony.com/oscache/ Anhang 15.

[83] Caching ermöglicht Inhalte schneller zur Verfügung zu stellen, falls sie schon einmal vorlagen. (Vgl. Hallberg (2005: 144)).

42

- Ajaxtags[84]: Fügt eine zusätzliche Tag-Bibliothek hinzu, die den Umgang mit JavaScript erleichtert,

Die o.g. Programmbibliotheken und Frameworks sind nur ein Vorschlag und können durch andere Technologien ersetzt oder ergänzt werden.

Abbildung 9 stellt die Präsentationsschicht dar.

Abbildung 9: Die Präsentationsschicht.

Quelle: Eigene Grafik.

3.3.1.2 Logikschicht

Die Logikschicht soll in der Lage sein, die einzelnen VDV-Nachrichten, die in Form von XML-Dateien geliefert werden, einzulesen, auszuwerten und zu beantworten.

Für die Realisierung der Logik werden die folgenden Programmbibliotheken und Technologien eingesetzt:

- dom4j[85]: Zugriff und Verarbeitung von XML-Dokumenten,

- Xerces2[86]: Fügt zusätzliche Klassen für die Verarbeitung von XML und den Umgang mit XML Schemas[87] hinzu,

---

[84] http://ajaxtags.sourceforge.net/. Anhang 1.

[85] http://www.dom4j.org/. Anhang 7.

[86] http://xerces.apache.org/xerces2-j/ Anhang 21.

[87] XML Schema dient zum definieren von Strukturen für XML-Dokumente. (Vgl. Bergster (2003: 463)).

- Apache Commons[88]: Beinhaltet unter anderem Klassen für den Umgang mit Emails, Hochladen von Dateien, HTTP-Server und HTTP-Client Funktionalitäten,

- Log4J[89]: Framework zum Loggen von Anwendungsmeldungen in Java.

Abbildung 10 stellt die Logikschicht dar.

Abbildung 10: Die Logikschicht

Quelle: Eigene Grafik.

3.3.1.3 Datenhaltungsschicht

Die Datenschicht ist für den Zugriff auf Daten aus der Datenbank zuständig.

Die Realisierung der Datenhaltungsschicht wird durch die folgenden Programmbibliotheken und Technologien ermöglicht.

- Hibernate[90]: Ermöglicht den Zustand eines Objektes in einer Datenbank zu speichern und aus den einzelnen Datensätzen wiederum Objekte zu erzeugen,

---

[88] http://commons.apache.org/. Anhang 2.

[89] http://logging.apache.org/. Anhang 3.

[90] http://www.jboss.com/products/hibernate/ Anhang 9.

- Java Query Language[91] (Abk. JQL): Fügt zusätzliche Funktionalitäten hinzu, die eine objektorientierte und von Typ der Datenbank neutrale Abfrage von Daten ermöglicht,

- OSCache[92]: Zusätzliche Tag-Bibliothek für dynamisches Caching,

- PostgreSQL[93] JDBC[94] Driver oder MySQL[95] JDBC Driver: Erlauben Java-Programmen die Verbindung zu MySQL oder PostgreSQL,

- Entity Klassen[96]: Ordnet eine Klasse bzw. mehrere Klassen zu einer Tabelle in der Datenbank zu.

Durch den Einsatz von Hibernate und JQL wird nicht nur der leichte Übergang von einer Datenbank zu einer anderen ermöglicht, sondern auch zusätzliche Sicherheitsmechanismen, die vor Hackerangriffen schützen sollen, implementiert.

Abbildung 11 illustriert die Datenhaltungsschicht.

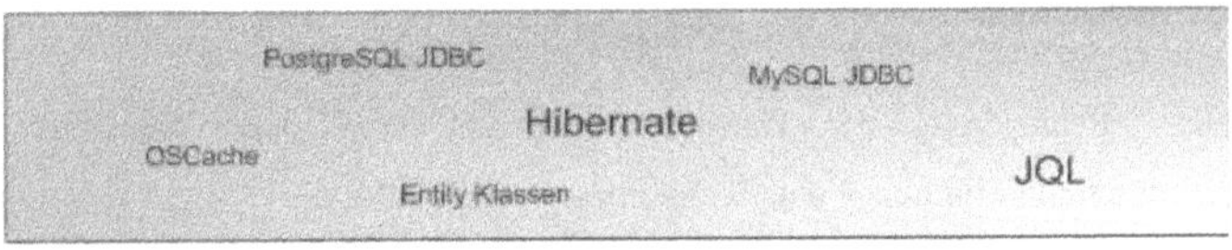

Abbildung 11: Die Datenbankschicht.

Quelle: Eigene Grafik.

---

[91] http://java.sun.com/javaee/5/docs/tutorial/doc/bnbtg.html Anhang 19.

[92] Sieh Fußnote 82.

[93] http://www.postgresql.org/ Anhang 16.

[94] Java Database Connectivity (Abk. JDBC) ist eine Datenbankschnittstelle von Java.

[95] http://www.mysql.com/ Anhang 12.

[96] http://java.sun.com/javaee/5/docs/tutorial/doc/bnbqa.html. Anhang 8.

3.3.2 Hardwarearchitektur

Die Hardwarearchitektur der ZDD zeichnet sich in diesem Fall durch eine sehr einfache Struktur aus. Ein Server, auf dem Apache Tomcat läuft, geschützt durch eine Firewall. Der Server selbst kann auch ein Cluster sein, aber keine Serverfarm, da ansonsten immer einen Loadbalancer vorhanden sein muss.

Abbildung 12 stellt die Hardwarearchitektur dar.

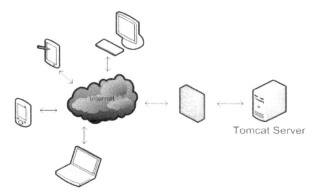

Abbildung 12: Hardwarearchitektur ohne LB

Quelle: Eigene Grafik.

Selbst wenn alle Maßnahmen zur Vorbeugung von Single Points of Failure, die in Tabelle 1 gelistet sind, getroffen wären, würde diese Architektur nicht ausfallsicher sein. Sie ist nicht vor einem Totalausfall des Servers oder des Tomcats geschützt und somit für Businessanwendungen nicht geeignet.

3.4 Architektur einer Anwendung mit Loadbalancer

Um die Hochverfügbarkeit von IT-Anwendungen zu gewährleisten, sollen die Server redundant ausgelegt werden. Dies gilt auch für den Loadbalancer. Sollte er nicht redundant sein, wäre er die unsicherste Komponente des Systems, denn ohne den Loadbalancer ist das komplette System nicht erreichbar.

Abbildung 13 illustriert einen redundant ausgelegten DNS-Loadbalancer mit zwei Server.

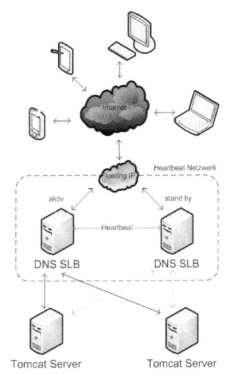

Abbildung 13: Redundanter DNS-SLB

Quelle: Eigene Grafik.

In der obigen Abbildung empfängt der aktive DNS-SLB alle Anfragen und leitet diese an die beiden Anwendungsserver weiter. Welcher aus den beiden Loadbalancern der aktive ist, bestimmt das Heartbeat.

Heartbeat ist eine Software, welche die Verfügbarkeit der einzelnen Server in einem Cluster überprüft. Dies geschieht durch ein zweites Netzwerk. Das Heartbeat-Netzwerk in Abbildung 13 ist mit einer zweiten LAN-Karte jeweils für jeden DNS-SLB und einem Crossoverkabel[97] realisiert.

Sollte der aktive SLB nicht mehr verfügbar sein, wird das vom StandBy-SLB bemerkt und seine Aufgaben übernommen. Somit ist in dieser Graphik der Loadbalancer redundant und ausfallsicher.

Die DNS-SLB Lösung ist nicht optimal. Sie benötigt weitere Hilfsmaßnamen, um die Verfügbarkeit der einzelnen Anwendungsserver zu überprüfen.

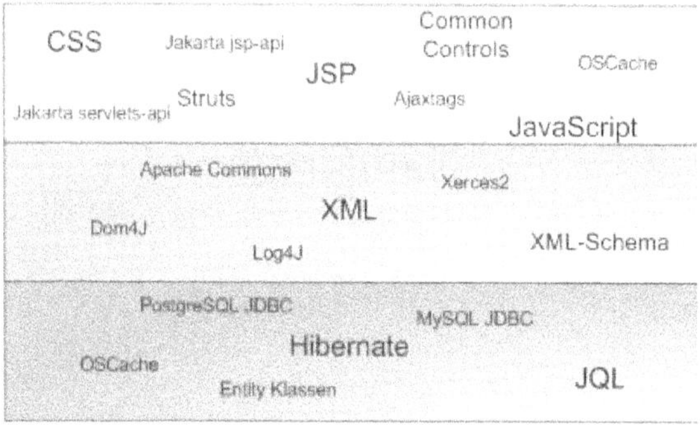

Abbildung 14: Die Gesamtarchitektur der ZDD

Quelle: Eigene Grafik.

---

[97] Ermöglicht die Verbindung zwischen zwei Computern per LAN. (Vgl. Hallberg (2005: 52)).

Um die Last optimal verteilen zu können, soll man zuerst die Softwarearchitektur der Anwendung genau unter die Lupe nehmen.

Wenn man die Gesamtarchitektur der ZDD, die in Abbildung 14 illustriert ist, etwas genauer untersucht, stellt man fest, dass die Anwendung aus zwei Teilanwendungen besteht: Die graphische Oberfläche und die XML Verarbeitung.

Die GUI-Anwendung steuert die XML-Anwendung. Um dies zu ermöglichen sollten die beiden, auch wenn sie sich auf unterschiedlichen Servern befinden, miteinander kommunizieren können. Dies ist in Java durch das Remote Method Invocation (Abk. RMI) realisierbar. RMI ermöglicht den Aufruf einer Methode, die auf einer entfernten Java Virtual Maschine (Abk. JVM) läuft.

Abbildung 15 stellt die Architektur der zwei Anwendungen dar.

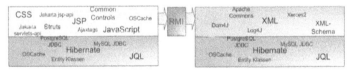

Abbildung 15: Die Architektur der geteilten ZDD.

Quelle: Eigene Grafik.

Durch die Änderungen in der Softwarearchitektur und die Teilung der Beispielanwendung in zwei einzelne Anwendungen ist ZDD skalierbar geworden.

Damit der Loadbalancer die zwei neuen Anwendungen (genannt WebGUI und VdvXML) richtig zuordnen kann, muss er in der Lage sein, die HTTP-Anfragen zu analysieren. Der VDV-Schrift 453 bietet dafür eine Methode, wie die HTTP-Anfrage-URL gelesen werden soll.

Die URL besteht laut VDV-Schrift 453 aus den folgenden Komponenten:[98]

---

[98] VDV-Schrift 453. S. 30.

- `HTTP_URL = "http:" "//" host [ ":" port ] abs_path`

- `"http:" "//"` als Bezeichner für das verwendete Protokoll,

- `host` als Bezeichner des HTTP-Servers, an den die Anfrage gerichtet ist.

- `":"port` über den die TCP/IP Verbindung laufen soll,

- `abs_path` als Pfad der Anfrage.

VDV-Schrift 453 definiert „abs_path" folgendermaßen:[99]

```
abs_path = "/" leitstellenkennung "/" dienstkennung "/"
anfragekennung
```

Unter Leitstellenkennung ist der eindeutige Schnittstellenpartner festgelegt. Die Dienstkennung ist eine Abkürzung[100] für den Dienst, der die Anfrage bearbeiten soll und die Abfragekennung[101] definiert die Art der XML-Datei.

Wenn man vor die Leitstellenkennung noch zusätzlich `webgui` oder `vdvxml` zufügt, kann man die Anfragen zu den beiden Anwendungen zuordnen. Damit wird das neue „abs_path" eines der beiden Muster entsprechen:

```
abs_path = "/" vdvxml "/" leitstellenkennung "/" dienstkennung
"/" anfragekennung
```

```
abs_path = "/" webgui
```

Abbildung 16 illustriert einen redundant ausgelegten Loadbalancer mit mehreren Servern.

---

[99] VDV-Schrift 453. S. 30.
[100] Vgl. VDV-Schrift 453. S. 29. Tabelle 3.
[101] Vgl. VDV-Schrift 453. S. 30. Tabelle 4.

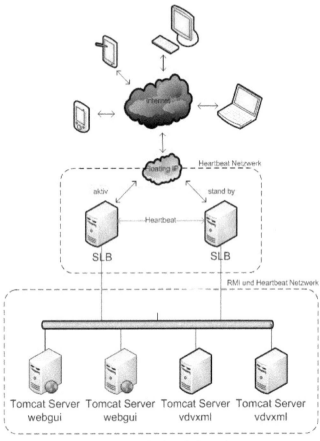

Abbildung 16: Ein hochverfügbares System.

Quelle: Eigene Grafik.

Durch das Einlesen der HTTP-URL ist der Loadbalancer in der Lage die Art der Anfrage und die richtige Anwendung bzw. den richtigen Server zu definieren. Sollte das System noch skalierbarer werden, kann mit Hilfe dieses Mechanismus für jeden Dienst mittels der Dienstkennung ein eigener Server zugeordnet werden. Somit wäre einer für den VIS- und einer nur für den DFI-Dienst zuständig.

Die Zuordnung mit Hilfe der Leitstellenkennung ist auch möglich, somit kann zu einem bestimmten Client ein bestimmter Server zugeordnet werden.

Die in Abbildung 16 vorgeschlagene Lösung ist beliebig skalierbar und lässt es zu, dass bei einer Hochauslastung des Systems sogar mehrere Server als Web- oder XML-Server gleichzeitig benutzt werden können.

4 Fazit

Die Ziele dieser Arbeit waren:

- Eine kritische Analyse des Load-Balancing,

- die Wichtigkeit und Problematik der Hochverfügbarkeit von IT-Anwendungen zu verdeutlichen,

- die theoretische Einbindung von einem Loadbalancer in einer Beispielanwendung darzustellen

Im Laufe dieser Arbeit wurden alle oben erwähnten Ziele erfolgreich erreicht.

4.1 Offene Punkte

Aufgrund der Vielfältigkeit des Load-Balancing war es nicht möglich alle Arten von Server Loadbalancer zu analysieren. Es wurden nur die wichtigsten drei Typen (DNS, NAT und Flat SLB) diskutiert.

Bei der Verdeutlichung der Hochverfügbarkeit von IT-Anwendungen wurden die Single Points of Failure (Tabelle 1) nur gelistet und nicht weiter diskutiert.

Es wurde auf eine Modellierung der Softwarearchitektur der Beispielanwendung in UML verzichtet. Eine genauere Beschreibung der einzelnen Programmbibliotheken fehlt.

4.2 Ausblick

Durch die wachsende Abhängigkeit der Unternehmen von robusten, sicheren und hochverfügbaren IT-Anwendungen wird Hochverfügbarkeit immer ein aktuelles Thema sein. Es werden neue Lösungen gesucht, um die Verfügbarkeit zu steigern.

Das Load-Balancing wird weiterhin als Synonym für Ausfallsicherheit gelten und immer öfter im Einsatz für solche Problemstellungen kommen.

Bei der Nutzung von Server Loadbalancer werden zukünftig mehrere SLB nach einander in unterschiedlichen OSI-Schichten eingesetzt, um die Performance der Software zu steigern.

Die Softwarearchitektur der zukünftigen, hochverfügbaren IT-Anwendungen wird möglichst modular aufgebaut, um sie skalierbar zu machen und eine bessere Verteilung der Last zu ermöglichen.

5 Literaturangaben

Buchquellen

Adelstein, T. und Lubanovic, B. (2007). Linux Schnellkurs für Administratoren. Köln.

Bergster, H. (2003). JavaServer Pages. Sebastopol.

Bourke, T. (2001). Server Load Balancing: Help for network administrators. Sebastopol.

Bünning, U. und Krause, J. (2001). Internet Information Server 5: Aufbau und Bereitstellung von Webanwendungen mit Windows 2000 Advanced Server. München.

Franklin, M. (2003). Network processor design. San Diego.

Großmann, M. und Koschek, H. (2005). Unternehmensportale: Grundlagen, Archtekten, Technologien. Berlin.

Hallberg, B. (2005). Networking: a beginners guide. Emeryville.

Held, G. (2000). Server management. Macon.

Hucaby, D. und McQuerry, S. (2002). Cisco Field Manual: Catalyst Switch Configuration. Indianapolis.

Keith, M. und Schincariol M. (2006) Pro EJB 3 Java Persistence API. New York

Kenyon, T. (2002). Data Networks: Routing, Security and Performance Optimization. New York.

Kopparapu, C. (2002). Load balancing servers, firewalls, and caches. New York.

Kopper, K. (2005). The Linux Enterprise Cluster: build a high available cluster with commodity hardware and free software. San Francisco.

Masak, D. (2005). Moderne Enterprise Architekturen. Berlin.

Steiner, M. (1998). Lastverteilung in heterogenen Systemen. Oldenburg.

Weygant, P. (2001). Cluster for high availability. Upper Saddle River.

Internetquellen

http://oreilly.com/catalog/serverload/chapter/ch07.html. Abgerufen am 29.06.2009. Anhang 17.

http://www.citrix.de/produkte/schnellsuche/netscaler/. Abgerufen am 06.07.2009. Anhang 13.

http://tomcat.apache.org/. Abgerufen am 30.07.09. Anhang 5.

http://tomcat.apache.org/tomcat-5.5-doc/servletapi/. Abgerufen am 30.07.09. Anhang 18.

http://tomcat.apache.org/tomcat-5.5-doc/jspapi/. Abgerufen am 30.07.09.

Anhang 10.

http://www.common-controls.com/en/. Abgerufen am 30.07.09. Anhang 6.

http://struts.apache.org/ . Abgerufen am 30.07.09. Anhang 4.

http://www.opensymphony.com/oscache/. Abgerufen am 30.07.09. Anhang 15.

http://ajaxtags.sourceforge.net/. Abgerufen am 30.07.09. Anhang 1.

http://xerces.apache.org/xerces2-j/. Abgerufen am 30.07.09. Anhang 21.

http://commons.apache.org/. Abgerufen am 30.07.09. Anhang 2.

http://logging.apache.org/. Abgerufen am 30.07.09. Anhang 3.

http://www.jboss.com/products/hibernate/. Abgerufen am 30.07.09. Anhang 9.

http://java.sun.com/javaee/5/docs/tutorial/doc/bnbtg.html. Abgerufen am
30.07.09. Anhang 19.

http://www.postgresql.org/. Abgerufen am 30.07.09. Anhang 16.

http://www.mysql.com/. Abgerufen am 30.07.09. Anhang 12.

http://java.sun.com/javaee/5/docs/tutorial/doc/bnbqa.html. Abgerufen am
30.07.09. Anhang 8.

Sonstige Quellen

Citrix. White Paper. (2008). Next-gen load balancing: Delivering advanced
Web apps. Anhang 4.

Tarneau, W. (2006). Making Applikation scalable with load balancing. Anhang
2.

VDV-Schrift 453. Integrationsschnittstelle Rechnergestützter
Betriebsleitsysteme. Anhang 6.